Dr. Heike Cillwik, Jahrgang 1949, Tochter eines Schaustellers auf Jahrmärkten, lebte später im Stundenhotel ihrer Familie im Rotlichtbezirk einer Großstadt, machte Abitur, wurde Ärztin, Diplom-Psychologin und schließlich Lama der Kagyü-Tradition. Sie wurde Schülerin eines der größten Meister des tibetischen Buddhismus, des Karmapas Ogyen Trinley Dorje, sowie anderer großer Meister.

Dieses Buch ist meinem Lehrer, dem Karmapa Ogyen Trinley Dorje, sowie dem höchsten Wohl aller Lebewesen gewidmet.

Dr. Heike Cillwik

Milarepa

oder der Weg durchs Nadelöhr

1. Auflage 2014

Autor: Dr. Heike Cillwik

Umschlaggestaltung: Yell Kreativ GmbH

Autorenfoto: Bildreich-fotografie.de

Fotos im Innenbereich:: Dr. Heike Cillwik, U.T. Dorje

Verlag: tao.de in J. Kamphausen Mediengruppe GmbH, Bielefeld

ISBN: 978-3-95802-008-5

Printed in Germany

Bibliografische Information der Deutschen Nationalbibliothek:

Die Deutsche Nationalbibliothek verzeichnet diese Publikation in der Deutschen Nationalbibliografie; detaillierte bibliografische Daten sind im Internet über http://dnb.d-nb.de abrufbar.

Inhaltsverzeichnis

Gedichte, Zitate

Text

Der mächtige König

liebte es,
seine Späßchen mit denen zu machen,
die er zum Tode verurteilt hatte.

„Wenn es dir gelingt,
ein Kamel durch dieses
Nadelöhr
zu bringen,
dann bist du frei!“,
sagte er zum Bettler Herkan.

Ein Diener reichte dem armen Mann
daraufhin
eine große Nadel.

Herkan nahm sie ganz nahe an seinen Mund,
gerade da,
wo sich das Nadelöhr
befand,
verschloss den Mund fast ganz

und raunte durch das Loch:

„Kamel!“

Danach war er

frei.

Meine manchmal ein wenig merkwürdige Mutter reagierte geschockt auf die Nachricht, dass mein Vater nach dem Baden in der Ostsee einmal ohne seinen Ehering wiederkam. Unser Familienoberhaupt war sehr lange geschwommen, war auch ein wenig in Küstennähe getaucht, und dabei musste ihm wohl der Ring von dem vom Wasser aufgeweichten Finger gerutscht sein. Hieß das womöglich, dass ihre Ehe nun zu Ende war? Mein Vater liebte meine Mutter von ganzem Herzen und hatte keinesfalls die Absicht gehabt, die Ehe aufzugeben. Aber nun auf einmal schien alles unverhofft infrage gestellt. Meine Mutter ließ sich einfach nicht mehr beruhigen.

Unser Familienoberhaupt hatte keine Wahl: der Ring musste wieder her. Der Ozean musste ihn wieder frei geben. Also zog mein Erzeuger seine noch nasse Badehose wieder an und ging zurück in die Ostsee, um das Schmuckstück zu suchen. Danach warteten wir lange auf die Rückkehr meines Vaters. Als er schließlich wiederkam, hatte er den Ring dabei und seine Ehe war gerettet.

Auch mir passierte einmal Ähnliches, auch wenn es nicht so spektakulär war wie bei meinem Vater.

Wieder ging es um meine Mutter, die mit Verlusten einfach nicht umgehen konnte und deshalb psychisch zu dekompensieren drohte. Sie hatte einst den Wunsch gehabt, Schauspielerin zu werden, nicht irgendein kleines Lichtlein, sondern ein richtiger Star. Leider reichte ihr Talent vermutlich dafür nicht aus oder es wurde einfach nicht erkannt. Sie beschloss also, stattdessen ihr Alltagsleben in eine Bühne zu verwandeln, mit ihr als Hauptdarstellerin.

Bei gesellschaftlichen Anlässen trug sie deshalb möglichst auffällige Kleidung und kostbar aussehenden Schmuck, auch wenn der Rest der jeweiligen Versammlung sich eher dezent herrichtete. Einmal kam sie nach so einem Ereignis gemeinsam mit meinem Vater in vollem Ornat in unser Haus zurück und stellte bei dieser Gelegenheit fest, dass aus ihrem Brillantring offenbar ein winziges Steinchen herausgefallen war. Wieder drohte eine psychische Katastrophe. Meine Mutter begann laut zu wehklagen und mein Vater versuchte, sie wieder ins innere Gleichgewicht zu bringen.

Ich war, obwohl einziges Kind meiner Eltern, nicht besonders wichtig in unserer Familie. Es fiel also nicht weiter auf, dass ich mich still entfernte und damit begann, das winzige Steinchen zu suchen, zunächst im Haus und dann im Garten entlang des Weges, den meine Eltern vom Auto aus zurückgelegt hatten. Und ich traute meinen Augen kaum: ich fand das kostbare durchsichtige Kleinod auf einer sandigen Steinplatte.

Manchmal wird das Unmögliche möglich. Muss man es unbedingt wollen, wie mein Vater oder ich damals? Manche Menschen meinen das. Sie sagen: Du musst es einfach beim Universum bestellen und dann wird das auch passieren. Und ich frage mich dann: was passiert, wenn ich mir bestelle, dass mein Feind einen Schaden erleidet und mein Feind sich gerade wünscht, keinen Schaden zu erleiden: heben sich dann diese beiden kosmischen Bestellungen gegenseitig auf?

Er beleidigte sie mit groben
Worten,
die seinen besten
Freund
zur Weißglut

gebracht hätten,
und lächelte
sie dabei an.

Sie verneigte sich freundlich
und lächelte zurück.
„Leider verstehe ich Ihre Sprache
nicht“,
sagte sie auf Englisch.

„Ich wünsche Ihnen aber
das Allerbeste.“

Die vielfältigen Erscheinungen
sind wie eine magische Illusion
und ein Regenbogen.

Schon
bei der Erscheinung
erkenne ich,

dass sie leer
von wahrer
Existenz
sind.

So empfinde ich Mitgefühl
gegenüber den Kindern,
die dies nicht
zu erkennen vermögen.

(Dritter Karmapa Rangjung Dorje (1284 -1339), im Alter von fünf Jahren)

Ich hatte mich schon früh angestellt, um den 17. Karmapa Ogyen Trinley Dorje zu sehen, denn heute war alles anders. Zum ersten Mal gehörte ich nicht zu denen, die überhaupt eine Chance hatten, ins Innere des Tempelraumes in Bodh Gaya zu kommen, denn ich hatte keine Plakette, die mir einen Zutritt ermöglichen würde. Aber nun war ich schon mal in Indien, um meinem Lehrer nahe zu sein, und natürlich wollte ich auch in den Tempel hinein, und sei es nur ganz hinten in der Ecke.

Der Tempel wurde geöffnet, Mönche ließen die ausgewählten Besucher hinein. Ich stand ganz vorne, an erster Stelle der Warteschlange. Aber das nütze mir nichts. Der Tempel wurde voller und voller.

Ich betete: „Lieber, lieber Karmapa, lass mich bitte auch hinein. Ich will so gerne dabei sein!" Aber nichts geschah und ich wartete weiter auf ein erlösendes Zeichen einer der Mönche, ein Winken, einen freundlichen Blick vielleicht. Nichts. Die Sache erschien aussichtslos für mich. Ich fügte mich in mein Schicksal. Was sollte ich machen?

Die Wartenden in meiner Schlange vertrieben sich die Zeit mit Mutmaßungen über eine Möglichkeit, doch noch hineinzukommen. Irgendjemand sagte plötzlich: „Da kommen wohl nur Ordinierte rein und solche, die zu einem Dharma-Zentrum gehören." Und ich dachte: damit kann ich dienen. Ich verließ meinen kostbaren Platz und machte mich auf die Suche. Hinter dem Tempel gab es ein Gebäude, wo Leute wegen irgendetwas anstanden.

„Was ist denn hier los?", fragte ich. „Hier werden die Eintrittsplaketten für die Angehörigen von Buddhistischen Zentren ausgegeben", gab man zur Antwort. Und dann ging alles ganz schnell: ich gab dem Mönch, der die Ausweise erstellte, den Namen meines Zentrums an, und kurz danach konnte ich meine Plakette zeigen und wurde in den Tempel hineingelassen.

Der Raum war schon sehr voll und ich wusste gar nicht, wo ich mich hinsetzen konnte, um überhaupt noch Sicht auf den Karmapa zu haben. Aber schließlich fand ich einen halbwegs akzeptablen Platz irgendwo seitlich und mitten in einem Block von anderen Besuchern. Wunderbar. Ich konnte mein Glück gar nicht fassen. Das war Hilfe im letzten Moment. Doch nein! Eine Frau des Ordnungsteams kam auf mich zu. Hier dürfte ich nicht sitzen.

Sie ließ nicht mit sich reden und ich musste wieder aufstehen. Ich hatte nämlich Lama-Kleidung an und deshalb müsste ich bei den Ordinierten sitzen. Ah ja, dann eben dort. Aber wo? Wo? Alles war schon voll bei den Frauen. Was sollte es? Dann ging ich eben zu den Mönchen, setze mich frech neben sie und niemand protestierte. Ja, und ich hatte sogar noch einen Platz am Gang! Dort würde der Karmapa gleich vorbeikommen, direkt neben mir. Ich hätte ihn anfassen können (was ich natürlich nicht vorhatte). Ich sah schon, wie sein Tross sich dem Eingang von außen näherte und dort anhielt.

Ich dachte: „Ha! Gleich sehe ich ihn von ganz nahe. Er kann mir nicht ausweichen!" Und ich fühlte mich unglaublich stark und siegessicher. Aus irgendeinem Grund sah ich kurz auf den Boden. Als ich wieder hochblicke, war der Karmapa bereits an mir vorbeigegangen. Ich hatte ihn nicht mal bemerkt, obwohl ich doch meine ganze Aufmerksamkeit darauf gerichtet hatte, ihn zu sehen. Das war doch nicht möglich! Wie konnte das passieren?

Zwei kurze Lektionen so schnell hintereinander: Ich komme hinein in den Tempel wie durch ein Nadelöhr, von wunderbaren Kräften in die Nähe meines Lehrers geleitet. Ich habe einen Platz in bester Lage. Und hier verpasse ich nun meinen Meister, obwohl er nur eine Handbreit neben mir vorbeigeht.

Wäre es wie in diesen beiden Fällen immer so einfach zu erkennen, dass die Motivation hinter den Handlungen der entscheidende Faktor ist, würde immer gleich eine kraftvolle Stimme aus dem Himmel zu hören sein, die mahnend zu uns spräche oder uns beglückwünschte, dann wäre die Welt vermutlich ein besserer Ort und wir alle Marionetten. Mancher mag das für einen Idealzustand halten. Für mich wäre das ein Horrorszenario.

Also Eigenverantwortung, ob wir wollen oder nicht. Niemand hindert uns daran, in unser Unglück zu laufen. Solange wir geistig auf Sparflamme agieren, nur in unserem Alltagsbewusstsein sind, kann uns das ängstigen, denn manchmal ist niemand da, der uns vor einer Dummheit bewahrt. Vielleicht gibt es im Gegenteil sogar noch Leute, die uns ermutigen, unheilsame Aktionen zu begehen.

Aber wenn wir damit beginnen unser verborgenes geistiges Potential zu erahnen und irgendwann auch zu erschließen, dann kann uns das damit verbundene Wissen um die kosmischen Gesetze zuversichtlich machen. Wir erkennen nämlich irgendwann, dass es sich lohnt, heilsam zu handeln. Alles was wir ins Universum geben, kommt wieder als Echo zu uns zurück. Und dann ist es viel leichter, unbeirrbar zum Wohle anderer zu handeln. Wir wissen: die diesbezügliche Ernte werden wir selber einfahren.

Aber leider sind wir kein unbeschriebenes Blatt, haben nicht immer nur so edel gehandelt wie vielleicht gerade jetzt. Und deshalb haben wir nun möglicherweise Probleme, obwohl wir doch gerade so gut gewesen sind. Naja, so ist das eben. Da müssen wir leider erst mal durch. Das Resultat wird schon kommen, meistens kommt es später irgendwann, aber es kommt garantiert.

Da die Ergebnisse unserer Handlungen in der Regel erst zeitlich verzögert zu erfahren sind, denkt sich so mancher Krimineller vielleicht: „Mein Handeln wird keinerlei Konsequenzen haben, wenn ich mich nur schlau genug anstelle." Und nach der Tat klopft er sich vielleicht selbst auf die Schulter und denkt sich, was für ein toller Kerl er doch ist, weil ihn niemand erwischt hat. Aber er irrt, hundertprozentig. Denn seine Gedanken und Handlungen werden in seinem eigenen Geist gespeichert und deshalb ist es auch vollkommen unwichtig, ob irgendjemand sonst seine unheilsamen Aktionen kennt oder erkennt. **ER** kennt sie nämlich, er speichert sie vollkommen unbewusst und unwillentlich im Allbasisbewusstsein seines Geistes (nicht seines Gehirns) und sie werden ihm eines Tages Leid bringen, wenn dieses Potential als Karma reif wird. Er wird am eigenen Leib als Opfer erfahren, was er anderen als Täter angetan hat. Insofern könnte das Zitat aus der Bibel „Auge um Auge, Zahn um Zahn" vielleicht auch als ein Hinweis auf diese Gesetzmäßigkeit des Karmas angesehen werden.

Und es ist auch nicht wichtig, dass irgendjemand sonst unsere **heilsamen** Taten kennt oder erkennt. Denn das Ergebnis dieser Handlungen werden wir garantiert selbst erfahren und es wird uns entsprechend Glück bescheren. Das ist gewiss.

Er wachte
irgendwann auf
und konnte sich beim besten Willen
an nichts
mehr erinnern,
was gestern
passiert war oder davor.

Sein ganzes bisheriges
Leben
war verschwunden.

Es war auch gerade niemand
da,
den er hätte fragen können,
hier an diesem einsamen
Ort.

Vielleicht war er gestern
gestorben
irgendwo auf der Landstraße.
Konnte das sein?
Und nun lebte er weiter

unter ganz anderen
Bedingungen,
auf die ihn niemand
vorbereitet
hatte.

„Wenn es denn so ist,
dass ich noch lebe,
obwohl ich gestern gestorben
bin,

sollte ich zuversichtlich
sein,
denn der Tod ist dann
nur eine
Illusion“,
überlegte er.

Und kaum hatte er dies
zu Ende
gedacht,
war er erleuchtet.

Gesegnet der wahre Meditierende,

der die Frische
des Augenblicks erfasst,
ohne
Vermutungen
und ungekünstelt,
einfach
darin verweilend,
wie er tatsächlich ist…

(Bengar Jampal Zangpo)

Als ich Kind war, gab es im Nachkriegs-Deutschland auf einmal Mickey-Maus-Hefte zu kaufen. Mein Vater interessierte sich wohl selbst für sie, also erwarb er sie möglichst oft. Und wenn er sie durchgelesen hatte, bekam ich sie. Die Figuren wurden in meinem Geist lebendig. Insbesondere Daniel Düsentrieb hatte es mir angetan. Dieser kleine Erfinder, der stets von einem Glühbirnen-Strichmännchen begleitet wurde, hatte immer Glück, egal, wie übel ihm andere mitspielen wollten. Er drehte sich im rechten Moment weg, wenn jemand ihn mit irgendetwas bewarf, trat gerade einen Schritt zur Seite, wenn unvermittelt eine schwere Kiste von oben herabfiel, die ihn sonst erschlagen hätte, usw. Dabei war ihm die jeweilige Gefahr meist gar nicht bewusst. Nur hinterher nahm er erstaunt zur Kenntnis, dass er gerade wieder einem Unglück entgangen war.

Bei mir war das anders. Ich war ein Anti-Düsentrieb. Meist war ich vom Pech verfolgt. Es begann, als ich etwa vierzehn Jahre alt war und hörte einfach nicht wieder auf. Natürlich wollte ich das alles nicht so, aber ich hatte einfach keine Chance. Bei mir waren es insbesondere Krankheiten, die mein Leben überschatteten. Die Dinge ereigneten sich, manifestierten sich, von einem geheimen Drehbuch geleitet, dem Drehbuch meines vergangenen Karmas.

Jetzt, einige Jahrzehnte später, ereignen sich manchmal auch kleine Wunder in umgekehrter Richtung, kleine Lichtblicke, Hoffnungsträger, die mich ahnen lassen, wie es sein könnte gesund zu sein. Mal sehen, wie es weitergeht…

Ruhe
nach all den Stürmen.
Das Leben
hinterließ
seine
Kerben.

Wunden,
von Moos
überwuchert.

Und oben
bauen sich Vögel
ein Nest.

Ich kam zum ersten Mal nach Berlin, nachdem die Mauer gefallen war. Mein Mann, unsere zwei Kinder und ein englisches Au-pair begleiteten mich. Wir staunten, gingen durch das Brandenburger Tor, das nun offen war. Wir fuhren mit dem Auto durch die Stadt, um einen Eindruck von ihr zu erhalten. Und immer wieder schüttelte ich meinen Kopf und sagte: „ Die Stadt ist tot. Hier ist überhaupt nichts los!“ „Nein, nein“, sagte mein Mann, „wie kommst du denn darauf?“ Und irgendwie wusste ich selber nicht, warum. Es war als ob ich nach vielen Jahren wieder in die Stadt zurückgekommen war, in der ich lange gelebt hatte. Und damals war dort eine ganz andere Atmosphäre gewesen.

Viel später erst glaubte ich mich zu erinnern: ich hatte Aaron geheißen, war ein jüdischer Mann gewesen, Rechtsanwalt, und lebte in Berlin. Die 20er Jahre waren die Zeit meines jungen Erwachsenenseins gewesen. Die Zukunft war unsicher gewesen und es war, als würden wir auf einem Vulkan tanzen. Wir stürzten uns ins Vergnügen: Heute ist heute!

Und dann, als die Nazis an die Macht kamen, war ich begeistert, berauscht von ihnen. Doch leider war ich Jude und begriff nicht, dass ich in dem Weltbild der neuen Herren nicht vorgesehen war.

Zunächst verschwanden meine Eltern und ich zerbrach insbesondere an dem Verlust meiner mir so nahen geliebten Mutter. Und später wurden wir dann auch abgeholt, ich, meine Frau und meine drei Kinder, morgens so gegen fünf. Und im Konzentrationslager sah ich dann Rauch aus einem Gebäude in der Nähe aufsteigen und ich fragte einen Mitgefangenen, was denn da gerade passierte. Und er sagte: „Da verbrennt gerade deine ganze Familie."

Danach wollte ich nicht mehr sein, nie wieder, in keinem Leben. Ich verzweifelte an Gott, dem ich doch so fest vertraut und der mir nun alles genommen hatte, was mir lieb und wert gewesen war. Ich war Kantor in meiner Gemeinde gewesen, hatte eine schöne Stimme gehabt. Aber ich konnte selbst in meinem jetzigen Leben kaum mehr frei und für längere Zeit singen. Es ging einfach nicht mehr.

Irgendwann sah ich sie dann wieder in diesem Leben, meine Mutter, zwei meiner Kinder, meine Frau und einen taubstummen Bruder, den ich als Jude gehabt hatte. Es ereigneten sich seltsame Dinge, als wir zusammen waren, Dinge, die mir im Nachhinein klar machten, dass wir uns einmal sehr nahe gewesen waren, auch wenn wir in diesem Leben teilweise getrennte Wege gingen. Woher ich das wusste? Es war ein Gefühl, manchmal sogar eine Sicherheit zu denken: das war einmal dein Sohn gewesen usw.

Mein ehemaliger taubstummer Bruder kam zu unserer Familie als ein junges französisches Mädchen, das für eine Weile als Austauschschülerin bei uns lebte. Obwohl mein Französisch ausreichend gut war, gestikulierte ich wild in einer Art Gebärdensprache, während ich mit ihr sprach. Das ging ganz automatisch. Natürlich war das nicht die richtige offizielle Gebärdensprache für Taubstumme gewesen. Aber damals hatte ich sie als älterer Bruder gelernt und mich so mit meinem behinderten Geschwisterkind unterhalten.

Einmal fuhren wir beide zusammen in meinem Auto (auch damals hatte ich ein Auto gehabt und war gerne schnell gefahren). Und die Austauschschülerin erzählte mir später, als wir über diese ein wenig rasante Fahrt sprachen, dass sie im Auto folgendes gedacht hatte: „Sie fährt sehr schnell. Aber das kenne ich ja. Sie ist ja mein Bruder."

Wäre das nicht wunderbar, wenn man mit seinen alten Freunden über den Tod hinaus verbunden bleiben könnte, wenn man sich wiederträfe und dann wüsste: das ist mein alter Freund aus glücklichen Tagen? Aber was ist mit den Feinden? Will man die auch wiedersehen, vielleicht sogar, wenn man bei ihrem Ende damals ein wenig nachgeholfen hat? In manchen Religionen gibt es die selbstverständliche Annahme, dass wir nicht nur einmal leben. Im Hinduismus und Buddhismus ist das z.B. der Fall. Auch im Urchristentum war diese Ansicht vertreten.

Wir sind gewohnt, zu denken, dass alles einen Anfang hat und auch ein Ende. Das Universum begann mit dem Urknall. Ah ja? Ich dachte immer: und was war davor? Viele Wissenschaftler meinen inzwischen, dass es davor einmal irgendetwas anderes gegeben hat, vielleicht sogar ein anderes Universum. Das kollabierte dann vielleicht, wurde winzig klein, mit einer Wahnsinns-Energie, und dann: bumm! Alles flog wieder auseinander und startete neu. Und eines Tages, wenn unser Universum sein Ende erreicht, dann entsteht daraus ein nächstes Universum usw., usw.

Im Kosmos scheint nichts verloren zu gehen. Alles wird offenbar pausenlos recycled. Alles, woraus unser Körper besteht, soll irgendwann einmal ein Teil eines Planeten gewesen sein. Und was ist mit unserem Geist? Wird der auch recycled?

Nehmen wir einmal an, dass der Tod nicht das Ende unseres Geistes ist. Der Geist bleibt auch nach unserem Ableben in irgendeiner Form bestehen. Wir haben das Gefühl, noch vorhanden zu sein, wandern herum in feinstofflichen Gefilden, umhergeworfen von Visionen, schrecklichen und schönen. Wir empfinden plötzlich alles um ein vielfaches stärker, so als würden wir unter Drogeneinfluss stehen. Hat das denn nie ein Ende? Wo ist der Knopf zum Abschalten?

Wir sehen ein kopulierendes Paar, fühlen uns angezogen, wollen mitmachen. Endlich was Konkretes! Und ehe wir uns versehen sind wir heraus aus diesem Zustand, den buddhistische Meister als Bardo bezeichnen, und sind eingetreten in ein neues Leben irgendwo in einer luxuriösen Umgebung, einer Region größter Armut, einem friedlichen Land oder einem Kriegsgebiet. Wir werden Kind in einer hohen Gesellschaftsschicht, einer Mittelschicht, einer Randgesellschaft, einem Slum oder werden auf der Straße leben. Wir sind umgeben von Redlichen oder von Kriminellen, von spirituellen oder von weltlichen Menschen oder wir leben irgendwo und irgendwie anders. Und jetzt wachsen wir heran und erfahren erneut ein Leben mit allen Konsequenzen, sind schwarz oder weiß, gelb, braun oder rot. Und manchmal denken wir vielleicht: Warum bin ich hier? Was hat mein Leben für einen Sinn? Gibt es einen Weg heraus aus meiner Situation? Denn so, genauso, will ich eigentlich gar nicht leben.

Oder wir werden stattdessen ein Tier, weil wir im Bardo zwei Tiere gesehen haben, die miteinander kopulierten. Und jetzt werden wir vielleicht ein Huhn in einer Legebatterie, eine Gans, die wegen ihrer wunderbaren Federn bei lebendigem Leib gerupft wird, oder vielleicht ein kleines Schoßhündchen einer alten Dame. Es gibt natürlich noch viele andere Varianten.

Und nach unserem jeweiligen Tod geht das Leben ja wieder weiter, hört nie auf. So mancher, der sein Leben als unerträglich empfindet und mit dem Gedanken spielt, sich umzubringen, weil er vielleicht solche Schmerzen hat oder so traurig, so einsam ist: weiß der definitiv, wie es nach seinem Tod für ihn weitergehen wird? Er beendet das eine Leben und danach kommt doch das nächste. Und wie wird das? Wird das Karma, das ihm jetzt sein Leben so schwer macht, automatisch aufhören, wenn er stirbt?

Karma, das Echo der eigenen Gedanken und Handlungen, wird in unserem Geist als Potential gespeichert. Je nach den Taten, die wir begangen haben, gibt es heilsames, unheilsames und neutrales Karma. Wenn das Karma, das im Moment unseres Todes reif ist oder wird, ein günstiges ist, lässt dies eine gute neue Existenz erwarten. Wenn das reife oder reif werdende Karma aber in diesem Moment ungünstig ist? Diesen Gedanken will ich jetzt lieber nicht weiter vertiefen.

Die gute Nachricht: es gibt Methoden, negatives karmisches Potential abzubauen, insbesondere, solange es noch nicht reif geworden ist. Natürlich muss man zuvor der Möglichkeit ins Auge sehen, dass man vielleicht nicht immer (und sei es in anderen Leben) nur wie ein Engelein gelebt und gehandelt hat.

Er hatte

die Frau seines Lebens
getroffen,

er war in seinem Beruf
befördert
worden,

er hatte den Jackpot
geknackt.

Alles an einem Tag.

Er freute sich so
sehr
darüber,
dass er einen Herzinfarkt
bekam

und starb.

Ich stand vor dem Gyuto-Kloster in Indien. Es war von der Tibetisch-Buddhistischen Traditionslinie des Dalai Lamas, den Gelugpas, gebaut worden und stand kurz vor seiner Fertigstellung, als es dem Karmapa Ogyen Trinley Dorje gelang, aus Tibet nach Indien zu fliehen. Immer wieder hatte es zwischen den unterschiedlichen Traditionslinien der beiden großen Meister im Laufe der Jahrhunderte Probleme gegeben. Doch der Karmapa (er war damals erst 14 Jahre alt), war dessen ungeachtet geradewegs zum Dalai Lama gekommen, der ihm sofort Hilfe angeboten und ihm im Gyuto-Kloster ein Quartier gegeben hatte. Natürlich sollte das keine Dauerlösung sein, nicht vierzehn Jahre lang oder gar noch länger. Denn der Karmapa hat eigene Klöster und Zentren, nicht nur in Indien, auch weltweit. Und da wurde er auch dringend erwartet und wäre wohl auch gerne dorthin gereist. Aber die Dinge entwickelten sich anders.

Shamarpa, eines seiner Herzensschüler aus vielen gemeinsam gelebten Leben Seite an Seite als buddhistische Meister, hatte sich gegen ihn gewendet und einen Gegenkandidaten als Karmapa aufgestellt. Der durfte natürlich reisen, warum auch immer, mein Karmapa aber nicht. Und deshalb war ich nun schon zum zweiten Mal nach Indien gekommen, um meinen spirituellen Lehrer zu sehen, denn aus Indien heraus kam er ja nicht.

Jetzt, Ende Dezember, war es sehr kühl in dieser gebirgigen Region und regnete. Ich hatte einen bodenlangen Thermomantel aus Deutschland mitgebracht, den ich nun trug und auch dringend brauchte, hatte aber vergessen, einen Regenschirm mitzunehmen. Die öffentliche Audienz des Karmapas war vorüber. Der Meister war in sein winziges Zimmer zurückgekehrt und die Besucher aus vielen Ländern strebten nun aus dem Tempelinneren heraus zu ihren Unterkünften. Ich hatte mir Zeit gelassen. Ich war allein gereist und niemand erwartete mich. Meine einzigen Programmpunkte waren den Karmapa so oft wie möglich zu sehen und ansonsten hielt ich mich meist in meinem ungeheizten Gästezimmer auf. Drinnen herrschten teilweise dreizehn Grad Celsius.

Nur sechs Wochen nach meinem ersten Besuch gemeinsam mit einem Lama war ich schon wieder hier. Sein Lehrer hatte angenommen, dass ich einmal vor sehr langer Zeit als Yogi gelebt haben könnte, als Milarepa (1040-1123), einem der Gründer der Kagyü-Tradition, der Traditionslinie Karmapas. War ich also auch ein Tulku, ein wiedergeborener Meister? Der Karmapa konnte dies durch seine große geistige Verwirklichung hoffentlich herausfinden. Er war der Meister aller

Meister und nun seit fast neuhundert Jahren erleuchtet.

Und jetzt, nach dem ersten Besuch, schien es so, dass es wohl keine offizielle Anerkennung für mich geben würde, sehr zur Enttäuschung des mitgereisten Lamas. Stattdessen sollte ich offenbar eine Residenz für den Karmapa bauen, einen Tempel und ein Kloster in Deutschland, ich, das körperliche Wrack, nach nun mittlerweile über dreißig Jahren Krankheit.

Auch psychisch war ich am Ende gewesen und spirituell sowieso. Mit mir war kein Staat mehr zu machen. Ich steckte in einer tiefen Krise auf allen Ebenen. Milarepa dagegen war ein strahlender Meister gewesen. Er schien nach anfänglichen großen Schwierigkeiten in seinem Leben schließlich alle Krisen überwunden zu haben. Und irgendwann war er so verwirklicht gewesen, dass er nur so zum Spaß durch die Luft fliegen konnte, ohne Begleitflugkörper natürlich. Und bei den eiskalten Wintern im Himalaya brauchte er fast überhaupt keine Kleidung, um nicht zu erfrieren. Er trug nur ein dünnes Baumwollgewand, woher auch sein Name kam, der „Mila mit dem Baumwolltuch" bedeutete.

So etwas konnte ich nicht hervorbringen, nicht mal ansatzweise. Stattdessen fröstelte ich nun selbst im bodenlangen Thermomantel, den ich hier in Indien Tag und Nacht nicht auszog, wollte ich diese Reise lebend überstehen.

Ich fühlte mich dem Karmapa so nahe, er war mir schon mehrfach auf einer geistigen Ebene erschienen, hatte mich durch seine Präsenz aus der Ferne zum tibetischen Buddhismus gebracht, auf wundersame Weise. Die mir bis dahin fast völlig unbekannte neue Lehre hatte ich sehr schnell verstanden, so schnell, dass es schon ungewöhnlich schien und dass die Vermutung aufgekommen war, ich könnte das alles nicht zum ersten Mal gelernt haben.

Die Tibeter lieben ihre Tulkus, verehren sie. Diese Meister haben geschafft, wonach die buddhistischen Praktizierenden streben. Sie sind aus dem unfreiwilligen Kreislauf der Wiedergeburten heraus. Sie haben eine Stufe der geistigen Verwirklichung erreicht, wo das Karma im Tod keinen Zugriff mehr auf die nächste Existenz hat. Diese Meister sind stattdessen in der Lage, den Sterbeprozess zu nutzen, um die Erleuchtung zu erreichen bzw. noch zu vertiefen. Was für eine Freiheit!

Konnte es möglich sein, dass man, selbst nach der hohen geistigen Verwirklichung, die Milarepa erreicht hatte, wieder abstürzen und ein Wrack werden würde, so wie ich es in diesem Moment war? Die gelehrte Lehre sprach dagegen.

Ich sehnte mich so nach dem Karmapa, während ich seitlich an dem Tempel vorbeiging, er war meine Zuflucht, mein erleuchtetes Herz. Er hatte verwirklicht, wonach ich noch oder wieder einmal strebte. Ich sah an dem Gebäude hoch und - da stand er, auf einer Art Balkon, und blickte ins Tal hinab. Wie wunderbar! Wie magisch angezogen ging ich zu ihm hin, blickte zu ihm hoch, sah ihn an. Ich war kurz irritiert, dass so viele Leute still unter einem schützenden Dach standen und ebenfalls nach oben blickten. Was wollten die hier? Egal. Es gab nur Karmapa und mich. Ich blieb unterhalb des Balkons im Regen stehen.

„Ich will bei dir bleiben!" redete ich ohne Worte mit ihm. Und er sah mich an, während mein Thermomantel immer nasser wurde. Lange würde der nicht mehr durchhalten. Und meine Gesundheit, vielleicht sogar mein Leben, wäre dadurch gefährdet gewesen. Ich war doch körperlich so unendlich schwach. Wollte ich das riskieren? Aber ich wollte doch so gerne bei meinem geliebten Meister bleiben. Für ihn würde ich mein Leben aufs Spiel setzen.

Der Karmapa sah mich freundlich an. Bevor mein Thermomantel ganz durchnässt war, zeigte mein Lehrer, im letzten Moment sozusagen, auf die unter dem Dach stehenden Menschen und schuppste mich symbolisch unter den Regenschutz. Ich nickte. Er hatte Recht. Hier bei ihm würde ich jetzt nicht bleiben können.

Bist du mir nah,
suche ich mich,
bist du mir fern,
kann ich mich
finden.

Aber ohne deine Nähe
gäbe es kein Suchen
und ohne deine Ferne
kein Finden.

Bin ich nicht
ein glücklicher
Mensch?

Ein einziger
Augenblick
mit einem Guru
ist mehr wert
als eine äonenlange
vollendete
Meditation.

(alte Weisheit)

Oben: Mit SH Karmapa Ogyen Trinley Dorje in Delhi, Indien

Unten: Eröffnung des Zentrums in Valluhn

In Katmandu, Nepal

Oben: In Bodh Gaya, Indien Unten: Stupa in Valluhn. Er ist der Überwindung der Spaltung des Kagyü-Sanghas gewidmet.

Oben: Mit Chödje Lama Gawang Rinpoche in Valluhn. Unten: Rinpoche segnet den Stupa.

Ich saß in der Praxis eines mir empfohlenen Zahnarztes, der ein besonderes Verfahren anwendete, um herauszufinden, welches Material ich am besten in meinem Mund vertragen würde. Es stand an, eine Zahnkrone mit eben diesem Material anzufertigen. Mittlerweile war mir klar geworden, wie hoch sensibel mein Körper auf jede Substanz reagierte, die mit ihm länger zusammenbleiben musste. Schon die kleinste diesbezügliche Störung würde mir auf die Dauer unerträglich werden.

Also nahm ich diese Möglichkeit der Testung gerne wahr, auch wenn sie in den Bereich der Alternativmedizin fiel und bei konservativen Medizinern Unverständnis auslösen konnte. Ich war ja auch Ärztin, aber schon so lange chronisch krank, dass ich kaum noch Pfade der konventionellen Medizin beschritt. Denn dort kam ich auf die Dauer nicht weiter.

Hier nun, bei dem schon recht alten Zahnarzt, war das anders. Bohren konnte er wohl nicht mehr, vermutlich war er dafür schon zu zittrig. Aber die Alternativmedizin war inzwischen auch bei immer mehr Zahnärzten eine Methode, die interessierte, und diese Kollegen schickten ihm nun solche Patienten wie ich eine war.

Der Zahnarzt gab mir zwei metallische Stäbe zum Halten und legte dann eine der fraglich verträglichen Substanzen in ein Gerät, das mit einem entsprechenden Zeigerausschlag reagierte. Danach war klar, wie günstig oder schädlich die entsprechende Substanz für mich war. Die Behandlung zog sich hin. Der Arzt hatte die gesuchte Substanz noch nicht gefunden. Wir unterhielten uns ein wenig währenddessen und ich fing an, zu berichten, dass ich das jeweilige Ergebnis schon erwartet hatte, da ich ähnliches gefühlt hatte.

Langsam kam es immer mehr dazu, dass ich den Kollegen bat, mir das jeweilige Resultat nicht gleich zu sagen, sondern mich stattdessen zuvor über mein wahrgenommenes Ergebnis zu befragen. Und so stellten wir erstaunt fest, dass ich entsprechen der Ausschläge des Messgeräts fühlte. Meine Wahrnehmungen waren so präzise, dass ich das Messgerät nicht gebraucht hätte.

Einige Zeit danach passierte mir eine andere Geschichte, die mich noch weiter zum Nachdenken brachte: Ich hatte nach dem Abitur Medizin und danach noch Psychologie studiert und gleichzeitig insbesondere eine Ausbildung zur Homöopathin gemacht. Durch meine vielen gesundheitlichen Störungen war ich diesbezüglich manchmal mein bester Patient.

Einmal zog ich eine Spritze für mich mit einem bestimmten homöopathischen Medikament auf, und merkte bereits beim Aufziehen die angenehme Energie dieser Substanz, die sich offenbar über meine Hand in den Körper übertrug. Danach spritze ich das Mittel in mich hinein. Doch es dauerte nicht lange, da begann es mir zunehmend schlechter zu gehen.

Die Substanz wurde mir immer unangenehmer. Aber ich konnte sie ja nicht mehr aus meinem Körper herausholen. War das die sogenannte Erstverschlimmerung, von der ja bei der Behandlung mit homöopathischen Mitteln so oft berichtet wird?

Kurz danach änderte ich meine Behandlungs-Strategie bei anderen Mitteln, sofern ich mich selbst behandelte. Versuchsweise fasste ich diese Mittel einfach nur an und sofern die Substanz irgendwie für mich zu passen schien, gab es auch auf diese Weise eine wunschgemäße Reaktion meines Körpers. Konnte es denn sein, dass ein winziger übertragener Impuls meinem Körper die

Information geben konnte, vom Stadium der Krankheit in das Stadium der Gesundheit überzuwechseln? War dieser Impuls das Nadelöhr zur Verbesserung meiner körperlichen Situation? Das war doch nicht möglich und widersprach allem, was ich in meiner medizinischen Ausbildung gelernt hatte!

Doch meine Erfahrungen sprachen für sich. Ich war ja aber auch so ein Sensibelchen, reagierte manchmal auf kleinste energetische Einflüsse. Anderen Menschen würde das sicher nicht so gehen. Oder doch? Es wurde mir immer wichtiger, dies herauszufinden. Es wäre doch großartig, würde viele Kosten für Medikamente sparen, die nun nicht mehr eingesetzt werden müssten, würde die Nebenwirkungsrate durch diese chemischen Substanzen deshalb gegen Null gehen lassen. Es wäre nicht auszudenken, was passieren könnte, wenn meine homöopathische Methode funktionierte!

Als ich diese Erfahrungen gemacht hatte, befand ich mich gerade in einer Situation des Umzugs von dem mit hohem technischem und medizinischem Standard ausgestatteten Westdeutschland in das damals noch wirtschaftlich unterentwickelte Ostdeutschland. Die über vierzig Jahre lang recht streng geschlossenen Grenze zwischen den beiden

Teilen des Landes war nun offen und Deutschland wiedervereinigt.

Mein Mann stammte aus Ostdeutschland, war vor langer Zeit in den Westen geflohen. Seine Eltern waren Bauern gewesen. Es hatte bei ihm schon lange eine Sehnsucht danach bestanden, wenigstens für das Wochenende eine Möglichkeit zu schaffen, in eine ländliche Umgebung zurückzukehren. Seit einigen Jahren waren wir diesbezüglich immer mal wieder auf der Suche gewesen, natürlich nur in Westdeutschland. Aber die Preise waren zu hoch, die Orte zu städtisch, irgendwie passte es nie so richtig.

Doch nun war Ostdeutschland politisch zusammengebrochen. Viele Häuser dort waren in einem schlechten baulichen Zustand, die Menschen waren oft arm, die Preise für Häuser lagen im Keller. Sollten wir es hier mal versuchen? Schnell wurden wir fündig. Wir fanden ein wunderschönes zweihundertjähriges Bauernhaus mit ausreichend Land, um dort dauerhaft zu wohnen. Und der Preis dafür lag in unserem Limit. Zwei Jahre lang renovierten wir das alte Gebäude und als wir fertig waren, war uns klar geworden, dass wir die Großstadt verlassen und stattdessen hier leben wollten.

Nachdem wir umgezogen waren, stellte sich für mich die Frage, wie ich trotz meiner chronisch angeschlagenen Gesundheit noch ein wenig als Ärztin arbeiten könnte und ich ließ mich deshalb in einem Nebengebäude des Hofes in einer kleinen Arztpraxis nieder. Schnell sprach sich herum, dass ich aus dem Westen war. Aber fast niemand kam zu mir, denn die Leute hatten seit Generationen andere Ärzte gehabt. Warum sollten sie nun wechseln?

Ich merkte schnell, dass sehr große Unwissenheit darüber herrschte, was im westlichen Deutschland zum medizinischen Standard gehörte, denn auch diesbezügliche Informationen waren über 40 Jahre lang nur spärlich geflossen, weil das politische Regime des Ostens es nicht zuließ. Manchmal dachte ich nach unserem Umzug an die ersten Siedler, die nach Amerika kamen. Vielleicht muss es so ähnlich gewesen sein vor 200 Jahren. Hier im Osten konnte ich medizinisch alles machen, sofern es nur funktionierte. Niemand würde merken, wenn ich eine völlig unbekannte Methode einführen würde. Die Leute würden lediglich denken: ah, das ist wohl die Medizin von Westdeutschland…

Sollte ich hier meine neue homöopathische Methode einfach mal ausprobieren? Es kam sowieso kaum jemand zu mir. Was hatte ich zu verlieren? Also überlegte ich mir, wie ich die Methode präsentieren konnte und dann ging es los. Nachdem ich den ersten infrage kommenden Patienten ausgiebig befragt und untersucht hatte und mir überlegt hatte, welches homöopathische Mittel für ihn wohl günstig sein könnte, drückte ich ihm dieses in einer bestimmten Potenz einfach in die Hand und wartete.

Der Patient war etwas irritiert, ließ es aber geschehen. Ich beobachtete ihn aufmerksam, ob ich irgendwelche Reaktionen wahrnahm und fragte ihn schließlich fast beiläufig: „Merken Sie etwas?" Ich sah in ein überraschtes, ratloses Gesicht. „Nein", war die Antwort. Ich behielt die Nerven, sagte freundlich: „Dann warten wir noch eine Weile. Dies ist nur ein Test, ob das Mittel bei Ihnen infrage kommt." Der Patient wurde langsam ein wenig unruhig. „Was ist?" fragte ich. „Es kribbelt in meiner Hand." Ich hätte die ganze Welt umarmen können. Es funktionierte offenbar nicht nur bei mir!! Ich sagte: „Der Test war positiv. Das bedeutet, dass das Mittel richtig für Sie ist. Sie erhalten also jetzt gerade eine Behandlung. Bitte halten Sie die Substanz weiter in der Hand, bis es beginnt, Ihnen unangenehm zu werden. Dann legen sie das kleine Röhrchen auf den Schreibtisch."

Seit dieser Zeit habe ich im Laufe meiner Tätigkeit diese Methode bestimmt einige tausend Male angewendet, sowohl bei Patienten, Menschen meines privaten Umfelds, sogar Tieren und natürlich bei mir selbst. Wenn das ausgewählte Mittel nur halbwegs richtig war, hat die Methode funktioniert. Immer. Aber nur dann. Es brauchte viele Jahre, bis sich mein Erstaunen darüber legte.

Diese Methode war so ganz anders, als alles, was ich zuvor gelernt hatte. Die feinstoffliche Ebene unseres Körpers wurde üblicherweise nicht wirklich bei Therapiemethoden beachtet. Und falls es doch einmal bemerkenswerte Resultate dadurch gab, dass man diese Ebene erfolgreich zu beeinflussen versucht hatte, wurde schnell am Therapeuten, an der Methode oder am wahrnehmenden Patienten gezweifelt und die Angelegenheit im besten Fall als Placebo Effekt oder als Spontanheilung abgetan, weil einfach nicht sein konnte, was laut konventionellem medizinischen Denken nicht sein durfte.

Im Laufe der Zeit verfeinerte und präzisierte ich die Methode. Nicht jeder Patient bemerkt z.B. ein Kribbeln in der Hand. Es gibt auch andere Erfahrungen.

Man kann also sehen, dass nicht nur die richtige Musik unseren Körper in Schwingungen versetzen kann, sondern dass auch passende feinstoffliche Energien durch das Nadelöhr unseres Körpers eindringen und Gesundheitsimpulse geben können.

W*ie*
kann ich andere
finden,

solange
ich mich selbst
noch nicht
gefunden
habe?

Wie kann ich
die Chancen
des Lebens
erfassen,

solange ich
in Mustern
denke?

Es war weit nach Mitternacht, als ich in das winzige Schlafzimmer in unserem Bauernhof kam. Mein Mann schlief schon tief und fest. Ich hatte gerade meinen Tagesplan beendet und wollte auch schlafen. Wenn es darum ging, Projekte oder Geschäftsideen umzusetzen, waren mein Mann und ich ein effektiv arbeitendes Team, das sich gut ergänzte und sich die Bälle gegenseitig zuspielte. Aber ansonsten lebten wir in unterschiedlichen Welten. Mein Mann war Frühaufsteher und pausenlos mit irgendetwas beschäftigt. Eine meiner Freundinnen nannte ihn einmal „Mann der Zugluft", denn kaum hatte er das Haus betreten, war er schon wieder fort. Und kurz danach kam er wieder und das Spiel begann von neuem.

Ich dagegen war nachtaktiv, stand kaum vor Mittag auf (sogar meine Arztpraxis öffnete erst um 11 Uhr vormittags) und war eher kontemplativ, meditativ. Bedingt durch meine vielen körperlichen Beschwerden, fiel es mir meist schwer, mich überhaupt zu bewegen und deshalb blieb ich lieber sitzen und versuchte möglichst viel von dem, was zu erledigen war, soweit durchzuplanen, dass ich mich dann auch wirklich kaum noch bewegen musste.

Solange mein Mann und ich noch gemeinsame Projekte hatten, gab es ein Gegengewicht zu unserer extremen Unterschiedlichkeit. Aber langsam waren wir immer mehr etabliert und da wogen unsere gegensätzlichen Lebensmodelle immer schwerer. Und unmerklich begannen wir damit, unsere jeweiligen Lebensschwerpunkte auszubauen und uns immer weiter voneinander zu entfernen.

Mein Mann atmete tief, er schlief fest, als ich das Schlafzimmer betrat. Auch ich war müde. Gleich würde ich mich neben ihn legen und meinerseits tief und fest schlafen, wenn er in Kürze das Schlafzimmer beim ersten Hahnenschrei verlassen würde.

Ich tastete mich behutsam durch den stockdunklen Raum zu meinem Bett, um meinen Man nicht aufzuwecken. Ich legte mich nieder und blickte in die Schwärze der Nacht. Ich war gewohnt, in dieser Zeit zwischen Wachheit und Traum manchmal geistige Kontakte zu anderen Wesen zu spüren, auch wenn ich nicht wusste, ob dies nur eine Illusion war oder wirklich stattfand. Manchmal hatte ich auch Visionen und es erstaunte mich deshalb nicht allzu sehr, dass ich nun den 17. Karmapa Ogyen Trinley Dorje vor mir im dunklen Raum sah.

Ich hatte erst vor ein paar Tagen ein Buch über ihn gekauft, ich, die vielleicht nun Sterbenskranke. Mein Körper war nach vieljähriger chronischer Krankheit am Ende, ich hatte aufgehört zu arbeiten, weil ich einfach nicht mehr konnte, und bereitete mich innerlich auf mein baldiges Ende vor.

Seitdem ich die Bilder angesehen hatte, die in dem Buch zu sehen waren, war der Karmapa in mein Leben getreten. Anfangs konnte ich es kaum glauben, dass die Fotos von ihm beim Betrachten lebendig zu werden schienen, ich hatte geglaubt, ich würde mich täuschen. Aber es geschah immer wieder. Und nun sah ich ihn in der Dunkelheit des Schlafzimmers sogar in Lebensgröße vor mir stehen. Das war schon merkwürdig. Aber kaum hatte ich mich an diesen Anblick gewöhnt in der Meinung, dass ich vielleicht fantasierte, da zerfiel die Gestalt plötzlich vollkommen und stattdessen sah ich seinen Vorgänger, der ja eigentlich er selbst war, nur eben in einem anderen Leben.

Die Vision war dynamisch, lebendig, viel beweglicher, flexibler als ich es mir bei aller Vorstellungskraft hätte einbilden können. Und ich sah sie einige Male in den nächsten Tagen, genauso. Erst war der 17. Karmapa Ogyen Trinley Dorje zu sehen und dann plötzlich an seiner Stelle der 16. Karmapa Rangjung Rikpe Dorge. Was sollte das?

Ich wusste zu der Zeit noch nichts von den schwerwiegenden Problemen in der Kagyü-Linie, der Traditionslinie Karmapas. Ich wusste noch nichts von dem Gegenkandidaten, dem anderen Karmapa. Und nun stritten die Anhänger beider Seiten darum, wer denn der rechtmäßige Nachfolger war. Für beide Gruppen schien es mehr oder weniger gute Gründe zu geben. Der Sangha, die buddhistische Gemeinschaft, war gespalten. Als ich irgendwann später von dieser Krise erfuhr, berührte sie mich nicht weiter, denn ich erinnerte mich daran, dass mein Karmapa mir ja gezeigt hatte, dass **er** der richtige Nachfolger war. Trotzdem begegnete ich später irgendwann dem Gegenkandidaten und lernte auch bei ihm einige Zeit. Aber das ist eine andere Geschichte.

Regentropfen
fallen auf mein Herz.

Wie viel Sonne
brauche ich

für eine gute
Ernte?

In den ersten Jahren meines Lebens wuchs ich überwiegend in einem Wohnwagen auf. Meine Eltern zogen mit ihm von Jahrmarkt zu Jahrmarkt, wo sie eine Würstchenbude betrieben. Einmal, als wir auf dem entsprechenden Platz einer Großstadt Quartier machten, kam meine mütterliche Großmutter zu Besuch, die in eben dieser Stadt wohnte.

Ich war vielleicht zwei oder drei Jahre alt. Während meine Eltern in unserer Bude arbeiteten, blieb meine Oma bei mir in der Nähe unseres Wohnwagens, der ein paar Meter hinter unserem Geschäft stand. Mir war langweilig, ich wollte gerne mit meiner Großmutter spielen. Aber vielleicht war sie schon zu alt für derlei Ideen. Doch ich gab nicht auf. Und als sie einmal kurz alleine in die Bude ging, versteckte ich mich unter dem Wohnwagen, der relativ große Räder hatte, und deshalb für ein kleines Kind dort ausreichend Platz bot. So wartete ich nun und hoffte, gefunden zu werden. Aber es kam ganz anders.

Die Tür von der Bude ging auf, meine Großmutter schien also zu kommen, aber nach relativ kurzer Zeit wurde die Tür wieder verschlossen und nichts passierte. Ich wollte nicht aus meiner Deckung kommen, wartete geduldig in gebückter Körperhaltung. Die Oma würde doch sicher bald wieder da sein.

Ich war gewohnt, allein und unbeaufsichtigt zu sein, selbst als Säugling war es für mich oft nicht anders gewesen, und ich war schon als Kind recht geduldig. Ich war so voller Vorfreude auf das überraschte Gesicht der Großmutter, und ich wollte diese Situation nicht dadurch zerstören, dass ich mich in eine bequemere Position begab. Aber irgendwann gab ich auf und erschien in der Bude.

Und da erfuhr ich, dass auf dem Jahrmarkt meinetwegen inzwischen Großalarm gegeben worden war. Man hatte das Schlimmste befürchtet. Ich verstand nie, weshalb meine Oma nicht wenigstens einmal unter den Wohnwagen gesehen oder wenigstens einmal nach mir gerufen hatte…

Heute denke ich, dass sie vermutlich unter Schock gestanden hat. Sie öffnete die Tür der Bude und fand mich nicht dort wieder, wo sie mich verlassen hatte. Vielleicht konnte sie sich beim besten Willen nicht vorstellen, dass ich kleines Kind schon eigene Ideen hatte und versuchen würde, diese umzusetzen. Vielleicht dachte sie, jemand wäre gekommen und hätte mich mitgenommen, entführt. So etwas gibt es ja leider immer wieder einmal. Dass ich einfach nur mit ihr spielen wollte, kam ihr nicht in den Sinn. Vielleicht fühlte sie sich schuldig, dass sie mich allein gelassen hatte für einen kurzen Moment. Und ihre Angst, vielleicht sogar Panik, und ihre Schuldgefühle trübten ihren Geist und verhinderten klares Denken und besonnenes Handeln. Hätte sie nur kurz innehalten können, bevor sie Generalalarm gegeben hätte, dann hätte sie vielleicht den Spaß erleben können, dass ihr jüngstes, siebtes Enkelkind schon damit begonnen hatte, ein kleiner selbständiger Mensch zu werden.

Ein wacher Geist kann die Möglichkeiten jedes Augenblicks viel eher erschließen. Solange er aber auf Sparflamme läuft, können wir seine Möglichkeiten nicht erforschen und nutzen. Uns fehlen dann die Weitsicht und die Flexibilität dazu. Die Welt erscheint dunkler, starrer. Und wir müssen mehr leiden, als wenn wir Stück für Stück damit beginnen, unser inneres Potential zu erfahren.

Samsara bedeutet Daseinskreislauf. Solange unser Geist insbesondere von Ablehnung, Anhaftung und Unwissenheit getrübt ist, können wir die Chancen jedes Moments weder erkennen noch ausschöpfen. Nirwana ist ein Zustand der Befreiung von diesen Trübungen, die man auch als

Geistesgifte bezeichnet. Manchmal reicht es schon, kurz inne zu halten und in sich hineinzuspüren, bevor man handelt, und schon sieht die Welt, die wir wahrnehmen, ein wenig anders aus. Das ganze Potential unseres Geistes haben wir dadurch aber noch nicht erschlossen, sondern wir schnuppern nur ein bisschen Morgenluft, wir bekommen eine Ahnung davon wie es sein kann, wenn wir weniger leiden.

Wie z.B. schon eine geringfügige Veränderung der geistigen Ausrichtung, der Motivation, Leiden verringern kann, zeigt auch folgende Geschichte, die sich wirklich so zugetragen haben soll: Der Suez-Kanal ermöglicht es relativ zügig mit dem Schiff von Europa nach Asien zu reisen. Bevor er gebaut wurde, war der Weg dorthin um einige tausend Kilometer länger, denn man musste erst ganz Afrika umschiffen, bevor man nach Asien kam.

Aber der Bau des Kanals vor etwa 150 Jahren war äußerst schwierig. Man musste teilweise bei unerträglich hohen Temperaturen schwerste körperliche Arbeit in wüstenähnlichen Landschaften leisten. Niemand wollte freiwillig eine solche Tätigkeit durchführen, weshalb man Zwangsarbeiter einsetzte. Die Männer litten und hassten ihre Arbeit sowie die Aufseher, die sie bewachten. Die Situation im Lager wurde immer unerträglicher und schließlich kam es zur Revolte.

Da stellte sich einer der Leiter des Projekts vor die Meute, verschaffte sich Gehör und sagte sinngemäß etwa folgendes: „Männer, wir wissen alle, wie schwer ihr hier arbeitet. Und auch die äußeren Bedingungen sind unerträglich, weshalb niemand diese Arbeit freiwillig machen will. Aber ist euch eigentlich bewusst **WAS** wir hier machen? Wir bauen einen Kanal, der die Wirtschaft von großen Teilen der Welt vorantreiben und unseren Ländern sehr viel Fortschritt bringen wird. Viele Menschen werden Arbeit und Brot dadurch erhalten.

Ihr könnt einmal sagen, dass ihr dabei gewesen seid und sogar dieses Projekt erst möglich gemacht habt. Gut, ihr seid Zwangsarbeiter. Aber eure Familien werden stolz auf euch sein und selbst eure Enkelkinder werden noch darüber sprechen, was ihr Großvater einmal gemacht hat. Ihr schreibt Geschichte. Lasst uns deshalb jetzt zurück an die Arbeit gehen.“

Danach war die Revolte beendet und die Männer arbeiteten nun freiwillig und mit einer positiven Einstellung. Es tut gut, etwas für andere zu tun, vielleicht sogar für die Menschheit. Da machen auch Strafgefangene und Zwangsarbeiter manchmal keine Ausnahme und natürlich darf man sich gerne über seine guten Taten freuen.

Als die Vögel ihren König
wählen wollten,
beschlossen sie, dass derjenige
ihr Anführer sein sollte,
der bei einem Wettkampf
am längsten in der Luft
bleiben konnte.

Der Adler sah schließlich,
dass er die Konkurrenz
besiegt
hatte und setzte zum Landeanflug
an.

Doch da
kroch der kleine

Zaunkönig,
der sich im Gefieder
des Großen

versteckt hatte,

hervor
und erhob sich
in die Lüfte.

„Ich bin der König
der Vögel!“
rief er.

Seit dieser Zeit
hat es immer wieder
Zaunkönige
gegeben,

die sich als Könige
haben feiern
lassen.

Mein Mann und ich waren zum ersten Mal in den USA. Wir hatten diese Reise vollkommen unwissend gebucht. In meinem bis dahin unbenutzten Reiseführer las ich ein paar Seiten auf dem Flug von Europa nach New York. Andere Vorinformationen über die Staaten hatten wir nicht. Wir hatten ein günstiges inneramerikanisches Flugticket gekauft auf einer Stand-by Basis. Wir waren noch sehr jung, in unseren Zwanzigern, und wollten uns das Land einfach mal ein bisschen ansehen, würden uns schon durchschlagen.

Der Zollbeamte in NY konnte es nicht fassen, als wir ihm berichteten, dass wir noch kein Hotelzimmer gebucht hätten. „New York ist groß. Da wird es doch wohl ausreichend Hotelzimmer geben", gab ich zur Antwort. Fassungslos gab er uns unsere Papiere zurück.

Auf dem Flughafen fanden wir eine Informationsanlage, auf der Hotels um Besucher warben. Das war ja wunderbar. Es gab ein beleuchtetes Bild und einige Angaben über das jeweilige Hotel. Sogar ein Telefon für jede Unterkunft war angeschlossen. Da konnte man dann gleich reservieren. Doch man brauchte einen Quarter Dollar dafür. Den hatten wir aber nicht.

Wir hatten noch überhaupt kein amerikanisches Geld.

Wir waren nach der langen Reise doch recht erschöpft und standen nun da, so kurz vor dem Ziel, was auf einmal unerreichbar schien. Was sollten wir nur machen? Laut beklagten wir unsere Probleme, auf Deutsch. Hier in der Ferne würde uns sowieso niemand verstehen. Hier waren wir offenbar am Ende der Welt angekommen. Verzweifelt setzte ich mich auf meinen Koffer. Mein Mann war auch niedergeschlagen.

Da kam auf einmal ein Mann auf uns zu, einer von vielen Passagieren, die an uns vorbeigegangen waren, und schenkte uns ein paar Quarters. Er hatte uns verstanden. Ich war so froh über dieses Geschenk. Dem Mann selbst konnte ich nichts wiedergeben. Ich bedankte mich nur überschwänglich bei ihm. Aber ich nahm mir vor, dass ich von nun an jedem in ähnlicher Situation helfen würde, was ich auch tat. Es gab doch einige Anlässe dafür.

Manchmal nahmen Menschen die Münzen einfach an, ohne sich zu bedanken. Vielleicht dachten sie, dass meine Handlung zum Service des jeweiligen Ortes gehörte, wer weiß. Aber es gab auch Menschen, die mir von Herzen dafür dankten und die mir nun auch etwas Gutes tun wollten, ohne dies in der aktuellen Situation tun zu können. Denen erzählte ich dann meine eigene Geschichte vom New Yorker Flughafen und sagte ihnen danach: „Wenn Sie mir wirklich etwas Gutes tun wollen, dann helfen Sie anderen Menschen in ähnlichen Situationen, so wie ich Ihnen jetzt geholfen habe."

Wir hängen alle voneinander ab, sind alle miteinander verbunden. Wer sich dieser Erkenntnis verweigert, kann auf die Dauer nicht glücklich werden. Manchmal kann man das ganz hautnah erleben, wie auch die folgende Erfahrung meinerseits zeigt: Ich war schon seit vielen Jahren nicht mehr in meiner Praxis als Ärztin tätig gewesen, weil ich aus gesundheitlichen Gründen irgendwann einfach nicht mehr arbeiten konnte. Aber die gelernten Methoden kannte ich natürlich noch und behandelte mich selbst weiterhin damit. Außerdem hatte ich Familie und Bekannte und es gab in meinem Umfeld viele Tiere.

Und immer wieder, wenn ich wirklich Grund hatte, mich zurückzuziehen und dringend auszuruhen, kam eine Bitte um einen Rat. „O nein!", dachte ich dann. „Ich kann nicht mehr, ich will nicht mehr!" Aber dann rührte mich das Leid des anderen doch und ich wusste ja, dass ich so viel Spezialwissen angesammelt hatte und dass die Methoden, die ich kannte, oft gut waren. Naja, meinetwegen. Dieses eine Mal noch.

Und dann sammelte ich all die notwendigen Informationen, die ich brauchte. Ich erfuhr meist sehr schnell, ob die angebotene Hilfe erfolgreich war oder nicht. Und wenn sie gut war, freute ich mich natürlich darüber. Danach dauerte es aber oft nicht lange, da bekam ich dieselbe Erkrankung auch, warum auch immer. Und dann war ich natürlich gleich bereit für die richtige Behandlung, das richtige homöopathische Mittel, und konnte mich blitzschnell in einen besseren Zustand bringen ohne erst lange nachdenken zu müssen. Das war dann immer wie eine Bestätigung für mich, das Leid anderer lindern zu helfen, auch wenn ich erst mal oft keine Kraft oder Lust dazu hatte. Heute noch war es das Leid des anderen, morgen schon konnte es mein eigenes Leid sein.

Und ganz allgemein scheint es günstig, folgende Einstellung zu haben: Heute helfe ich anderen, egal, ob ich sie kenne oder nicht, ob sie Freund oder Feind sind. Ich helfe ihnen so, als wären sie mein liebstes Kind, mein bester Freund (auch Grenzen zu setzen und aufzuzeigen gehört manchmal zum Helfen dazu). Ich gebe diese Botschaft des

Mitgefühls und der Liebe ins Universum. Und wenn ich morgen vielleicht selbst Hilfe brauche, kann ich die Hoffnung haben, sie auch zu erhalten.

Bevor ich Buddhistin wurde, war ich lange Christin. Das Christentum ist mir also vertraut und ich schätze es weiterhin sehr. Als ich begann dieses kosmische Gesetz des Gebens und Erhaltens ein wenig zu verstehen, das entsprechende Nadelöhr also zu finden, dachte ich mir manchmal folgendes: Immer wenn man eine gute Tat tut, geht oben im Himmel ein Türchen auf, leise, man hört und sieht es nicht. Und wenn man eine schlechte Tat tut, geht oben im Himmel ein Türchen zu, auch leise, und man sieht und hört es nicht. Aber irgendwann geht man einen Weg und dann spürt man auf einmal, dass viele Türen ganz unerwartet offen sind oder eben verschlossen. Und dann wird ein Weg vielleicht manchmal ganz unerwartet zu Glück oder zu Leid führen.

Wenn man Mitgefühl mit anderen hat, ist es nicht unbedingt nötig, dass mir genau dieselben Menschen helfen, denen ich einmal geholfen habe. Ich gebe meine Unterstützung einfach dem Wesen (und sei es ein Tier, ein Insekt vielleicht sogar), das sie jetzt im Moment braucht und bei dem ich gerade in der Lage bin zu helfen. Und ich mache das ganz selbstlos und voller Freude, wenn möglich. Das

Mitgefühl mit anderen, seien sie uns nah oder fern, lieb oder feind, ist eines von den Nadelöhren, durch das wir gehen müssen, um schließlich sogar die Erleuchtung erlangen zu können.

Ein kleiner
Kaiser
sprach zu seinen
Untertanen:

„Ihr müsst mir dienen,
selbst,
wenn es euer
Leben kostet.“

„Warum?“,
sprachen die
Untertanen.

„Ich beschütze
euch!“

„Auch vor dir?“,
fragten
die
Leute.

Milarepa schien es geschafft zu haben. Er war erleuchtet, nachdem er jahrzehntelang meditiert hatte. Im Vajrayana, dem Diamantfahrzeug des tibetischen Buddhismus, werden Wege gelehrt, die uns schnell aus dem Samsara herausbringen und zum Nirwana, ja sogar zur vollen Erleuchtung führen können. Schnell ist nicht gleichbedeutend mit einfach. Manchmal kann man den Gipfel eines Berges erreichen, indem man ihm auf geringen Steigungen immer näher kommt, was natürlich recht lange dauern kann, aber für viel mehr Menschen möglich ist. Doch es gibt dann auch einige, denen dauert das alles zu lange, die wollen schneller zum Ziel. Die nehmen den steilsten Weg, der natürlich viel kürzer ist, aber auch viel schwieriger.

Man sagt, dass die Menschen, die nach einer besseren Wiedergeburt oder sogar nach ihrer eigenen Befreiung aus dem Daseinskreislauf streben, dem kleinen Fahrzeug, also dem kleinen Ziel des Buddhismus angehören. Klein ist hier nicht abwertend gemeint. Das zu erreichende Ziel ist hoch (es würde vielleicht dem Basislager eines sehr hohen Berges entsprechen, um bei dem gerade angeführten Beispiel zu bleiben) und man muss dazu viele heilsame Taten tun, unheilsame dagegen unterlassen und seinen Geist schulen durch Nachdenken, Kontemplieren und Meditieren.

Das große Fahrzeug, das große Ziel, will noch mehr. Der Weg zum Gipfel des Berges wird mehr oder weniger zielgerichtet angestrebt. Aber dazu muss man das Wissen des kleinen Fahrzeugs erst mal bewältigt haben.

Schon bei dem kleinen Ziel hat man viel zu tun, denn man lässt z.B. die Gedanken daran los, dass unsere Existenz nach dem Tod einfach aufhört und wir in ein Nichts fallen, oder dass sich schon alles wundersamer Weise von selbst richten wird oder dass andere mächtige Wesen uns im günstigsten Fall in paradiesgleiche Sphären bringen, wo wir dann bis in alle Ewigkeit glücklich sein werden. Stattdessen übernehmen wir nun Eigenverantwortung für unsere Zukunft und bemühen uns, so zu leben, dass wir einer guten Wiedergeburt entgegensehen können oder sogar der geistigen Befreiung, dem Nirwana.

Niemand kann uns nämlich dauerhaft glücklich machen, wenn wir selbst ein kleines egoistisches Monster sind, auch wenn wir uns dies in unserer Bequemlichkeit wünschen. Die Betonung liegt dabei auf dem Wort „dauerhaft“, denn kurzfristig können wir uns mit so einer Einstellung durchaus wohlfühlen. Wie sollte aber so ein ununterbrochenes Paradies aussehen, das andere uns bereiten können? Werden wir denn schon allein dadurch glücklich, dass unsere Umgebung perfekt ist (was auch immer das heißt)? Wenn sich nämlich unser geistiger Entwicklungsstand z.B. noch auf einer niedrigen Stufe befindet, auf der wir vielleicht sogar bereit sind für unser eigenes kurzfristiges Wohlbefinden das langfristige Wohl vieler anderer Wesen zu opfern, können wir dann überhaupt auch nur annähernd die Tiefe eines Glücks erfahren, das den Namen Paradies verdient?

Stellen wir und einmal vor, dass eine Fee käme, um uns immer alle Wünsche zu erfüllen, dauerhaft. Sie wäre sozusagen unsere ständige Begleitfee. Wir sähen z.B. einen äußerst attraktiven Menschen und sagten der Fee: „Den will ich haben!" Und schon würde dieser Mensch sich durch die Zauberkraft der Fee in uns verlieben. Wunderbar!

Unsere Freude wäre sicher erst mal riesengroß und wir wären eine Weile lang der glücklichste Mensch der Welt. Aber dann, so allmählich würden wir ein paar kleine Fehler bei unserem Partner feststellen. Vielleicht wären die nicht so schlimm. Aber was ist, wenn er sie nicht ändert und sie dauerhaft bleiben oder vielleicht noch ein paar größere Fehler dazukämen?

Man könnte natürlich dann die Fee bitten, dafür zu sorgen, dass diese Fehler weniger würden. Und wenn das möglich wäre, dürfte man nicht anfangen nachzudenken. Täte man es, würde man sich langsam fragen können, mit welcher Art Mensch man da zusammen ist. Von sich aus wäre der schon mal nicht zu uns gekommen, denn er hat sich ja nur in uns verliebt, weil die Fee ihn verzaubert hat. Und nun sind auf einmal auch seine Fehler weg: Ist er womöglich ein Android, ein menschenähnlicher Roboter, der nun auf unseren Wunsch hin neu programmiert würde?

Ja, und was wünschen wir uns dann noch von der Fee? Immer gutes Wetter (was auch immer das heißt), ein wunderschönes Anwesen mit traumhafter Landschaft, alle erdenklichen Luxusgüter, immer genügend Geld, immer umgeben von lieben Freunden (der Android lässt grüßen). Und dieser Zustand würde nur enden, wenn wir dies selbst wünschten und dann auch nur in genau der Weise, wie wir es wollten. Könnten wir so dauerhaft glücklich sein?

Am Anfang mag das so aussehen. Aber irgendwann wird man damit beginnen zu merken, wie schal sich unser Leben dann anfühlen wird. Wir würden in einem Ego-Wahn leben und einsam sein, weil wir irgendwann spürten, dass wir in einer Welt ohne echte Menschen und ohne echte Liebe leben würden. In der Bibel wird gesagt, dass Gott den Menschen zu seinem Ebenbild schuf. Da kann man sich doch gerne fragen, ob Gott wohl ein Super-Ego ist, denn dann wäre dieses Ziel ja sinnvoll für alle, die zu seinem Ebenbild werden wollen. Aber wenn er seinen Sohn sagen lässt: „Liebet euren Nächsten wie euch selbst." Und: „Was ihr dem Geringsten meiner Brüder getan habt, das habt ihr mir getan." spricht das doch eher gegen die Super-Ego-Theorie. Aus buddhistischer Sicht ist der Weg des Super-Egos ebenfalls ein Irrweg.

Wenn wir einmal erlebt haben, wie froh wir über irgendeine Sache sein können, die wir trotz Schwierigkeiten geschafft haben (vielleicht haben wir einen Pullover gestrickt oder ein Haus gebaut), dann beginnen wir vielleicht zu ahnen, dass auch die mächtigste Fee uns keine dauerhafte Zufriedenheit zaubern kann, solange wir selbst nur der Konsument einer maßgeschneiderten Superwelt sind. Stattdessen müssen wir also damit beginnen, uns selbst auf den Weg zu machen und in die Hände zu spucken.

Immer mehr Menschen leben inzwischen nach dem Ziel, dass ihre Bedürfnisse schnell optimal zufriedengestellt werden. Sie streben nach dem kurzfristigen Glück eines egoistischen Monsters, ohne sich um den Rest der Welt zu kümmern. Sie sitzen viel vor dem Fernseher, dem Computer (ich meine jetzt nicht um zu arbeiten), haben ein Zauberhandy oder irgendein anderes Spielzeug mit möglichst unbegrenzten Möglichkeiten der Unterhaltung in der Hand. Erfüllt ihnen gerade die große Konsumfee alle ihre Wünsche? Besonders zufrieden scheinen diese Menschen aber meist nicht zu sein, denn kaum ist das nächste Glück verheißende Spielzeug auf dem Markt, wird das alte in die Ecke gelegt. Wer würde so etwas tun, wenn er mit der bisherigen Glücksmaschine vollauf zufrieden wäre? Auch Alkohol und Drogen mögen kurzfristiges Vergnügen schaffen können. Aber langfristig bringen sie uns nur mehr Probleme, als wir vorher schon hatten.

Wie glücklich kann dagegen ein Mensch sein, der sein geistiges Potential zumindest teilweise erschlossen hat, und der sich ganz unabhängig von der großen Zauberfee in einem Zustand innerer Stabilität befindet, der sich biegen kann wie ein Grashalm im Wind, wenn

Schwierigkeiten auftreten, und doch fest verwurzelt bleibt, in sich ruhend.

Milarepa, der große Yogi, konnte das. Damals, vor etwa tausend Jahren, lebte er nur mit einem dünnen Baumwollgewand bekleidet in der eisigen Kälte der hohen Berge des Himalajas und er ernährte sich überwiegend von Brennnesseln, weil es dort oben in der Einsamkeit keinen Supermarkt mit anderen Produkten gab. Seither sind ihm immer wieder Meditierende auf seinem inneren Weg nachgeeifert, auch wenn sie nicht unbedingt auch noch ein Baumwollgewand getragen und Brennnesseln gegessen haben, denn das sind ja nur Äußerlichkeiten. Und diese Praktizierenden haben bis zum heutigen Tag deshalb tiefe Verwirklichungen erfahren. Manche haben sogar einen geistigen Zustand weit jenseits unserer Alltagserfahrung erreicht, der mit der Empfindung großer Klarheit und Glückseligkeit verbunden ist. Wenn man erst soweit ist, kann die Wunschfee ihre Sachen packen.

***W**enn man das erleuchtete*
Herz

in sich
gefunden hat,

beginnt das Universum
mit all
seinen
Erscheinungen

zu strahlen.

Der Buddha brauchte Äonen, bis er die volle Erleuchtung erlangt hatte. Einst hatte er vor dem vorigen Buddha Kashyapa ein Gelübde abgelegt, einmal die volle Erleuchtung erreichen zu wollen. Seitdem hatte er Leben für Leben versucht, so viel Gutes wie nur irgend möglich zu tun und unheilsame Taten zu lassen sowie seinen Geist zu schulen. Dabei war er nicht nur als Mensch inkarniert, sondern auch als Tier und in anderen Daseinsformen.

Einmal lebte er in einem höllenähnlichen Bereich irgendwo im Universum. Das Karma, das Echo seiner eigenen Taten, das im Moment des Todes seines vorherigen Daseins reif geworden war, hatte ihn in diese äußerst schwer zu ertragende Existenz gebracht. Gemeinsam mit einem anderen armen Wesen mussten die beiden schwerste und gleichzeitig vollkommen sinnlose Arbeit tun, die sie körperlich zerbrechen sollte. Ein Entrinnen war nicht möglich.

Da hielt der zukünftige Buddha auf einmal inne und wünschte sich von Herzen das Folgende: „Ach, könnte es mir möglich sein, die Leiden des anderen noch zusätzlich auf mich zu nehmen, damit wenigstens der andere weniger leiden muss!" Kaum hatte er diese Worte gedacht, war seine

Höllenexistenz zu Ende. Sein Mitgefühl hatte ihn augenblicklich in andere Sphären gebracht.

Auch wenn wir als Mensch geboren werden, können wir manchmal höllenähnliche Erfahrungen erleben. Man wird entführt, gefoltert, ausgebootet, erlebt die Not von Angehörigen oder Freunden. Manchmal sind es politische Systeme, Diktaturen, die uns so etwas antun können, manchmal gestörte oder einfach nur bösartige Menschen in unserem näheren oder weiteren Umfeld. Mancher ist dann schnell dabei, nach Rache und Vergeltung zu rufen oder seinerseits diesen Tätern höllenähnliche Erfahrungen zu bereiten. Aber auf diese Weise können wir Leid nicht dauerhaft beenden. So kommen wir nicht durch das Nadelöhr, das uns in die geistige Freiheit führen wird.

Natürlich muss man nun nicht ins andere Extrem verfallen und solche Täter oder Taten gut heißen. Aber es geht darum, aufgrund dieses erfahrenen Leides nicht selbst zum Monster zu werden. Das hilft niemandem dauerhaft, denn dadurch steigt die Zahl der Monster in einer Gesellschaft nur an. Hass, Angst und Wut sind nie gute Ratgeber. Sie vernebeln stattdessen den Geist und ziehen uns selbst im Daseinskreislauf nach unten. Vielleicht treffen wir nach vollbrachter Rache dadurch die Täter eines Tages in höllenähnlichen Bereichen wieder, Seite an Seite mit uns in einer unerträglichen Situation…

Das Licht
spielt mit dem Schatten,
der Schatten
spielt mit dem
Licht.

Auch wir
können einander
nie
erreichen.

Und doch
sind wir ohne
einander
nicht denkbar.

Wenn wir meditieren, beginnen wir unseren Geist zu erforschen, der groß und tief ist wie ein Meer. Solange wir aber in unserem Alltagsbewusstsein sind, halten wir uns dagegen lediglich am Strand auf, um dieses Beispiel einmal fortzuspinnen. Wir nehmen etwas wahr und handeln meist unmittelbar entsprechend. Ist uns z.B. etwas angenehm, suchen wir seine Nähe, versuchen es zu erhalten, zu halten oder zumindest nicht zu verlieren, ist es uns dagegen unangenehm, meiden wir es bzw. versuchen uns von ihm zu entfernen oder es loszuwerden. Die Art unserer Wahrnehmungen stellen wir dabei in der Regel nicht infrage und unsere daraus resultierenden Handlungen erscheinen uns logisch und zwingend.

Wenn wir nun damit beginnen, ein wenig zu meditieren, uns also still hinzusetzen und so körperlich für eine Weile nichts tun, dann kann es passieren, dass unsere Gedanken ins Leere laufen. Wir unterbrechen die selbstverständliche Folge von Wahrnehmung und Handlung. Allein das kann manchmal schon hilfreich sein.

Vielleicht bemerken wir auch, dass ein Gedanke auf den nächsten folgt, fast ohne Pause. Und man kann dann irgendwann damit beginnen, sich zu fragen, ob es etwas in unserem Geist gibt, was hinter den Gedanken ist, so wie der ruhige tiefe Ozean unter den wild tobenden Wellen an der Oberfläche.

Wäre es nicht großartig, wenn man diese Tiefe des eigenen Geistes erfahren könnte? Wäre es nicht wunderbar, wenn man irgendwann eine große ruhige Klarheit erleben könnte, eine Weite, ein Potential, das in uns verborgen ist? Manche nennen es Mahamudra, das große Siegel. Und wenn man in diesem Teil seines eigenen Geistes ruhen kann, dann ist es möglich, zu erkennen, dass alle Wahrnehmungen, die man mit seinem Alltagsbewusstsein macht, auch anders erfahren werden können, dass alle ein geheimes Siegel tragen vom Göttlichen, vom ursprünglichen Bewusstsein, von Rigpa, oder wie immer man es nennen möchte, das große Siegel eben, Maha (groß)Mudra (Siegel).

Und wir erkennen dann, dass unsere Alltagswahrnehmung nur eine Illusion unseres Geistes ist und dass man deshalb nicht gleich handeln muss, wenn man etwas als angenehm oder unangenehm erfährt. Wäre das nicht wunderbar?

Aber natürlich kann man nicht erwarten, dass der Weg zwischen unserem Alltagsbewusstsein und dem erleuchteten Zustand von Mahamudra an einem Wochenende zu erreichen ist. Sondern es braucht viele Jahre oder auch mehr, um dorthin zu kommen. Aber der Weg lohnt sich und selbst heute noch gibt es Menschen, die dieser Tradition der Geistesschulung folgen und irgendwann auch wirklich dort ankommen, oder zumindest in der Nähe. Und das ist doch eine großartige Perspektive, denke ich.

Die Erleuchtung

Frau Ping
wachte eines morgens
auf,
es war
Viertel nach zehn.

Sie muss wohl
einige Jahre
geschlafen
haben,

vielleicht
waren es
auch einige
Leben.

Und nun,
in diesem Moment
des Erwachens,
sah sie voller Verwunderung,

dass sie offenbar
im Traum
vorn übergekippt
in einen Teich
gefallen war.

Die Fische waren
um sie herum geschwommen
und
wenn sie gelegentlich
die Augen
aufgemacht hatte,

hatte sie glauben
können,
sie selbst
sei einer von ihnen
gewesen.

Frau Ping stand auf.
Sie musste
noch das Essen

machen
für ihre Familie.

„Sie werden sicherlich
hungrig
sein“,
dachte sie.

Fragt man hochbetagte Menschen nach dem Geheimnis ihres hohen Alters, haben sie fast alle eine Antwort darauf. Manche sagen z.B., dass sie sich möglichst viel bewegt haben, nie rauchten oder Alkohol tranken. Das kann uns einleuchten. Genau das hören wir als Empfehlung von Medizinern auch. Aber es gibt doch tatsächlich Menschen, die genau gegenteilig lebten und auch so alt werden. Ein ehemaliger deutscher Bundeskanzler gehört dazu. Er raucht z.B. immer noch wie ein Schlot und ist schon weit über 90 Jahre alt.

Was also ist der Grund des hohen Alters? Obwohl wir die Betroffenen selbst fragen und obwohl sie wohl teilweise auch darüber nachgedacht haben und Experten für eine diesbezügliche Antwort zu sein scheinen, kennen sie den wahren Grund für ihr hohes Alter offenbar nicht wirklich. Denn sonst würde jeder, der ihren Ratschlägen folgt, ebenso alt werden. Buddhistische Meister würden sagen, dass der Grund für die jeweilige Lebensspanne eines Menschen in dem Karma liegt, dass jetzt reif geworden ist und die Ursache für ein langes Leben wurde in einer Zeit gesetzt, wo wir uns noch in einem anderen Leben befanden, einem Leben, an das sich die meisten von uns nicht einmal mehr erinnern können.

Wird dieses Karma nun nach dem Tod unserer letzten Existenz reif, dann werden wir jetzt Eltern bekommen, die die richtigen Gene haben, auch wenn sie selbst vielleicht nicht sehr alt werden. Wir werden bei auftretenden Gefahren Glück haben und verschont werden und auch Gifte wie Nikotin, Alkohol und andere Substanzen werden uns nicht entsprechend ihrer Möglichkeiten schaden können usw. Aber welcher 90jährige kennt derart tiefe Zusammenhänge? Die meisten Menschen würden ohnehin schwören, niemals zuvor gelebt zu haben, einfach, weil ihr Geist noch nicht entwickelt genug ist, um dieses Wissen aus eigener Erkenntnis heraus zu aktivieren.

Unser Wissen über die Hintergründe unseres Lebens ist meist gering. Selbst wenn wir z.B. über die Ursache unseres Glücks oder Leids nachdenken, kommen wir vielleicht relativ schnell zu dem Punkt, wo wir sagen können, was uns glücklich oder unglücklich macht. Aber wir können trotzdem schon den nächsten Moment unseres Daseins nicht zuverlässig beeinflussen, geschweige denn unser Glück erzwingen, da er von dem Resultat alten Karmas bestimmt wird, das nun gerade reif wird.

Ich habe vor langer Zeit aus Interesse heraus mit einigen Menschen Rückführungen in andere Leben durchgeführt, indem ich sie in einen Zustand tiefster Entspannung versetzte. Alle hatten in diesen Sitzungen von vorherigen Leben berichtet. Meistens waren diese Existenzen ganz banal, alltäglich, wurden aber mit einer Intensität erlebt und wiedergegeben, als würden die Patienten von einem Ereignis aus ihrem jetzigen Leben berichten.

Wenn wir davon ausgehen, dass unser Geist ein Kontinuum ist, wobei ein Moment auf den anderen folgt, dann macht es keinen Sinn, anzunehmen, dass dieser Geist beim Beginn unseres jetzigen Lebens neu entstanden ist, denn das Gehirn ist nicht mit dem Geist gleichzusetzen. Stattdessen verbindet sich unser Geist lediglich mit dem neuen, nämlich unserem derzeitigen Körper und wenn dieser Körper irgendwann stirbt, dann wird unser Geist weiter existieren und sich schließlich wieder einen neuen Körper suchen, usw., usw.

Auf diese Weise können wir auch paradiesische Existenzen erfahren oder höllenähnliche. Manche dauern so lange, dass sie als Ewigkeiten empfunden werden. Aber irgendwann ist auch die schönste oder schrecklichste Daseinsform zu Ende und das Spiel unserer Leben beginnt von neuem und hängt von dem Karma ab, das im Moment des Todes reif ist bzw. reif wird. Und dieser Prozess setzt sich fort, solange wir noch nicht das geistige Potential haben, uns unsere jeweiligen Existenzen selbst wählen zu können.

Auch die Ausgestaltung unseres Lebens ist eine Vorgabe aus alten Zeiten. In meinem Fall ist das z.B. eine jahrzehntelange Krankheit. Man darf gerne versuchen, die aktuellen Bedingungen seines Lebens zu ändern, soweit dies möglich ist. Aber man sollte dabei nicht vergessen, dass die Art und Weise unseres jetzigen Denkens und Handelns Konsequenzen haben und unsere eigene Zukunft in Form von daraus resultierendem Karma wieder neu gestalten wird. Egoistisches Handeln führt zu Leid, Mitgefühl dagegen zu Glück. Das ist die grobe Leitlinie.

Auf allen
Wegen
begegne ich
mir selbst,

alle
meine Taten
kommen
wie ein Echo
zu mir
zurück.

Das Ausmaß unseres Mitgefühls entscheidet, wie schnell wir geistig vorankommen auf unserem inneren Pfad, der dauerhaft aus dem Leiden herausführt. Aber Mitgefühl allein reicht nicht aus. Es muss mit Weisheit verbunden sein. Buddhistische Meister sagen, dass Mitgefühl und Weisheit so sind wie die zwei Flügel eines Vogels. Mit einem Flügel allein kann der Vogel nicht fliegen.

Je größer unser Mitgefühl ist, desto mehr Freiheiten von moralischen und ethischen Grundsätzen können wir uns bei unseren Handlungen zum Wohl anderer nehmen. Aber wir sollten bei unseren Aktionen bedenken, dass auch dabei Karma angesammelt und wieder in Form von Leid zu uns zurückkommen wird, wenn wir nicht sauber arbeiten.

Ich nehme hier gerne das Verletzen anderer durch ein Messer als Beispiel. Ist unsere Motivation dahinter selbstsüchtig, vielleicht weil wir das Geld des anderen erpressen wollen, dann werden wir diese Tat einmal als Opfer erleben können, irgendwann später, und dadurch Leid erfahren.

Ist unsere Tat aber dem Wohl der anderen gewidmet, vielleicht weil wir Chirurg sind und bei einem Patienten einen bösartigen Tumor entfernen wollen, damit der Mensch von weiterem körperlichen Elend befreit wird, dann können wir uns jetzt schon auf das Reifwerden dieses Karmas freuen. Auch uns wird nämlich einmal entsprechend geholfen werden und wir werden dadurch Glück erfahren.

Der Weg zur geistigen Befreiung oder gar zur Erleuchtung ist lang und schwierig. Und deshalb sind meist diejenigen besonders gesegnet, ihn zu gehen, die einen geistigen Lehrer haben, einen Lama vielleicht, der den Weg schon ein wenig oder auch mehr vorangegangen ist, und der uns nun auf unserem weiteren Weg begleitet.

Echte Spiritualität darf das Ego nicht aufbauen, weder bei den Lehrern noch bei den Schülern dieser Meister. Eine große Tempelanlage, wallende Gewänder, salbungsvolles Handeln, große Worte und spirituelle Tagträumereien sind kein Ersatz für Verwirklichungen der Lehrer. Aber natürlich fallen immer wieder Unwissende auf diese äußeren Attribute herein und setzen diese Oberflächlichkeiten mit dem Weg zur geistigen Befreiung gleich.

Mögen manche Praktizierende auch zeitweilig ernsthaft und mit offenem Herzen großen Lehrern gefolgt sein, vielleicht wurden sie sogar Mönche oder Nonnen oder sie haben für eine Weile in Höhlen meditiert: Dies allein ist noch keine Garantie dafür, dass sie von nun an nicht mehr straucheln, sowohl zunächst als Schüler, als auch später als Lehrer. Das Ego ist trickreich. Da sollte man sich nichts vormachen. Mancher glaubt, schon erleuchtet zu sein. Dabei ist es bloß sein Ego, das leuchtet. „Den Dharma (die buddhistische Lehre) hat niemand gepachtet. Er gehört dem, der sich am meisten bemüht“, sagte schon Patrul Rinpoche (1808-1887).

Und was ist mit den verrückten Meistern, den Meistern der verrückten Weisheit, von denen seit mindestens tausend Jahren immer wieder einmal berichtet wird? Manche wurden verehrt, andere verspottet. Verstanden hat sie kaum jemand. Auch wenn es viele unterschiedliche Gründe für ihr Verhalten geben mag und man lange darüber berichten und nachdenken kann, will ich hier einmal zur Veranschaulichung nur Beispiele aus unserer Zeit nennen, um die Situation zu beleuchten:

Chögyam Trungpa schien unberechenbar geworden zu sein. Er, der wiedergeborene Meister mit höchsten Verwirklichungen, hatte zu trinken begonnen, war voller Aggressionen, die ihn zu zerfressen drohten. Zunächst war er aus Tibet vor den Chinesen geflohen gemeinsam mit einer Gruppe von dreihundert Leuten. Er gehörte zu den dreizehn, die diese monatelange Flucht überlebten und dann wirklich in Indien ankamen. Genie und Wahnsinn schienen bei ihm unmittelbar nebeneinanderzuliegen, wie er sinngemäß selbst gesagt hatte. Mal brillierte er als Meister, gründete gemeinsam mit seinem Mitflüchtling Akong Rinpoche das erste tibetisch-buddhistische Kloster im Westen (in Schottland) und gründete die erste westliche buddhistische Universität in den USA (in Boulder, Colorado). Wunderbare Dinge ereigneten sich in seinem Umfeld. Aber dann machte er auf einmal scheinbar verrückte Dinge, wollte sich gemeinsam mit einem fünfzehnjährigen Mädchen umbringen, und, als sie sich diesem Plan verweigerte, da heiratete er sie dann, als sie gerade sechzehn geworden war. Er hatte viele Geliebte und er trank in einem Maß, das zu seinem frühen Tod führte.

Manchmal höre ich die Annahme, dass alle Buddhisten so friedlich seien. Und wieso können dann die Meister, die diese Lehre vielleicht sogar schon seit vielen Leben voller Hingabe praktizieren und höchste meditative Verwirklichungen haben, plötzlich durchdrehen, verrückt werden, die vermittelten Werte auf den Kopf stellen?

Und was ist mit Shamar Rinpoche, jenem alten Weggefährten des Karmapas? Wieso wendet der sich plötzlich von seinem Lehrer ab, stellt schließlich einen Gegenkandidaten als Karmapa auf, übernimmt die finanziellen Pfründe seines Meisters und spaltet die Gemeinschaft (den Sangha) der Kagyü-Linie? Was ist mit seiner Erleuchtung, die doch bis zu diesem Zeitpunkt meisten vollkommen unbestritten war?

Erst seitdem ich während meiner Meditationen wundersamer Weise einen geistigen Schatz gefunden habe (man nennt so etwas Terma), ahne ich ein wenig, warum das möglich ist. Es sind die besten, die am meisten Verwirklichten, denen so etwas passieren kann, eben deshalb, weil sie spirituell so weit gekommen sind. Jeder muss einmal durch dieses Nadelöhr seines Geistes hindurch.

Zunächst einmal leben wir ja in unserem Alltagsbewusstsein, hinterfragen es nicht einmal, sind uns gar nicht dessen bewusst, dass unser Geist auf Sparflamme läuft. Selbst bei Wissenschaftlern kann das der Fall sein, solange sie ihr Alltagsbewusstsein nicht transzendiert haben. Wir bewegen uns also anfangs auf einer geistigen Ebene, auf der Menschen intellektuell weit vorankommen können, die aber nicht annähernd das uns überhaupt mögliche Potential unseres Geistes (nicht unseres Gehirns) erschließt.

Das, was wir mit unseren Sinnen wahrnehmen, erscheint uns als Abbild der Realität. Wir vertrauen darauf und richten unser Handeln danach. Aber unser Geist ist getrübt, er sieht nicht klar. Die Welt erscheint uns fest, erstarrt, dual und absolut. Das bedeutet z.B. dass wir die Welt in Freunde und Feinde einteilen, in Gut und Böse, und alles erscheint wirklich so zu sein wie wir es interpretieren. Und außerdem beziehen wir alles, was wir wahrnehmen, auf uns und unsere Bedürfnisse. Andere sind da nur Randfiguren.

Aber wenn es einem irgendwann gelingt, auf eine andere spirituelle Ebene zu kommen, unter die Wellen zu tauchen, in die Tiefen unseres geistigen Ozeans, spätestens dann ändern sich die Dinge wesentlich. Wir erleben einen geistigen Frieden, eine Weite, eine Klarheit, die alles sprengt, was wir bis dahin erfahren haben. Wir sind erleuchtet, können vielleicht sogar unsere nächsten

Wiedergeburten bewusst steuern usw. Was für eine wunderbare Aussicht!

Wir erfahren uns und den Rest des Universums schließlich als auf einer geheimen Ebene vollkommen und wunderbar und irgendwann gewinnen wir vielleicht auch zunehmend außergewöhnliche Fähigkeiten (Siddhi), so wie sie auch Milarepa in großer Anzahl zeigte. Unsere geistige Sicht der Weite wird immer stabiler, wir können sie immer öfter und länger auch außerhalb der Meditationssitzungen erleben, bis sie schließlich nach vielen Jahren oder Leben ständig vorhanden ist. Nun glauben wir die volle Erleuchtung, die höchste Stufe der geistigen Vollkommenheit erreicht zu haben (auch Milarepa war dieser Meinung). Diese Erfahrung kann viele Existenzen lang andauern.

So jemand kann doch nicht wieder abstürzen, ein körperliches und geistiges Wrack werden, so wie ich es spätestens in diesem Leben geworden bin! Aber mein Terma sagt: ja, das ist möglich. Und er sagt auch warum. Das Allbasisbewusstsein unseres Geistes, auch Alaya Vijnana genannt, ist noch nicht gereinigt, noch nicht transformiert. Dies ist das Nadelöhr, durch das der sehr fortgeschrittene Meditierende, der Yogi, schließlich gehen muss. Hier begegnet er nun seiner eigenen

Schlangengrube, seiner Büchse der Pandora, seinen tiefsten Abgründen. Er ist auf der Festpatte angelangt, wo sein karmisches Potential gespeichert ist. Hier fliegen ihm nun seine Geistesgifte (Begierde, Hass, Neid, Stolz und Unwissenheit) um die Ohren und er verliert alle seine Wunderkräfte. Und mancher Yogi versteht das nicht, verkraftet das nicht, zerbricht daran, wird größenwahnsinnig oder auf andere Weise geisteskrank.

Und was hilft ihm in dieser Situation, was bringt ihn wieder heraus? Sein Mitgefühl, seine guten Taten und seine Fähigkeit, die letzte Erkenntnisebene, die Leerheit, zu verstehen und in seiner meditativen Konzentration zu halten. Darum ist es immer ratsam, auch bei der berechtigten Erfahrung einer Stufe der Erleuchtung noch, weiter seine Weisheit und sein Mitgefühl zu schulen und sein Herz zu öffnen.

Und wenn das Allbasisbewusstsein dann kristallklar ist und manchmal auch schon ein wenig vorher, dann kann sich die volle Erleuchtung endlich zeigen, und die sprengt alle Vorstellungskraft. Sie ist weit jenseits von dem Erlebnis der Weite, oder wie auch immer man diesen Zustand nennen will. Der Karmapa Ogyen Trinley Dorje gehört zu denen, die durch das Nadelöhr seines Allbasisbewusstseins hindurchgegangen sind. Ich bete darum, dass er bald mehr reisen kann, damit ihn viele Menschen erleben können!

Die Erfahrung der Weite des Geistes kann in seiner Vollendung folgendermaßen dargestellt werden (aber danach kommt das Nadelöhr, durch das man auch noch hindurch muss):

Die vortreffliche Beschreibung des Mittleren Weges

(Vajra-Gesang der Verwirklichung vom höchsten Yogi Milarepa)

Vom Standpunkt

der natürlichen

Wahrheit aus gesehen

gibt es keine

hindernden Geister,

nicht einmal Buddhas,

keine Meditierenden

und nichts,

worüber meditiert

werden könnte,

keine Pfade
oder Stufen,
auf denen wir uns
fortbewegen,
keine Anzeichen,
keine Stufen der Verwirklichung
oder Weisheiten.

Deshalb
gibt es auch kein
Nirwana-
nur Kennzeichnungen,
die für Namen
und Meinungen
stehen.

Alles Leben und die Dinge-
die drei Bereiche,

sind ungeboren,
nicht existent,

keine Grundlagen,
um sich abzustützen-
auch simultan erscheint nichts.

Es gibt kein
karmisches Handeln,
kein Reifen-
sogar das Wort
"Samsara"
gibt es nicht.

So
sieht es
letztendlich
aus.

Oh, wenn es nun keine
Lebewesen gibt,
woher
stammen die Buddhas
der drei Zeiten?

Und Verwirklichung
ohne
Ursache-
unmöglich
sich vorzustellen!

So
bildet der Standpunkt
der konventionellen
Wahrheit
weiter
das "Rad von Samsara"
und
"Nirwana- jenseits von Schmerz".

Sie existieren doch,
so
lehrt es der große Weise.

Was nun als Ding

zu existieren
scheint
und auch nicht,

als nur
leere

Wahrheit,

ist untrennbar-
ein Geschmack.

Deshalb gibt es
weder
Selbst-Gewahrsein
noch
etwas Anderes.

Dies alles ist eins, weit und räumlich.

Und jene,

welche dies
verwirklichen können,
nehmen
keine
Bewusstheit
wahr,

nur
pure
Weisheit,

keine Lebewesen,
nur Buddhas.

Sie nehmen
keine
Phänomene
wahr,
sondern
erkennen
ihre Essenz.

Und aus diesem Mitgefühl
entsteht
die Beibehaltung,
die Kräfte
und die Furchtlosigkeit.

Alle Qualitäten,
die ein Buddha
verkörpert,
manifestieren sich
als wunscherfüllendes
Juwel.

Dies habe ich, der Yogi,
verwirklicht.

Und zur Frage, ob die Spaltung des Kagyü-Sanghas, der Gemeinschaft der Anhänger der Kagyü-Tradition, jemals überwunden werden kann, ist folgendes zu sagen:

„Zu dieser Zeit wird eine mit positiver Aspiration aus früheren Leben, eine Emanation von Padmasambhava, von Westen kommen. In Pelz gehüllt und mit flinkem und kämpferischem Geist, wird sie zornvoll die Worte des Dharmas verkünden. Jene, die ein sonnenverbranntes Gesicht und vorstehende Augen hat, wird die Emanation besiegen, die das Samaya gebrochen hat. Sie wird Tibet eine Zeitlang beschützen. Und in dieser Zeit wird Glück erlebt, wie man es empfindet, wenn die Sonne erscheint."

(Prophezeiung des fünften Karmapas (1384-1415))

Mögen alle Wesen glücklich sein
und die Ursache des Glücks besitzen,
mögen sie vom Leiden
und der Ursache des Leidens frei sein,
mögen sie vom Glück,
dass ohne Leiden ist,
nicht getrennt sein,
Mögen sie in Gleichmut verweilen,
frei von Anhaftung und Ablehnung.

Dr. Heike Cillwik:

Milarepa und die Fernbedienung

ISBN: 978-3-95802-007-8

Buchbeschreibung:

Passt die Sonne in ein Glas mit Wasser? Sicherlich nicht. Und doch kann es das Sonnenlicht spiegeln und ihre Quelle so ein wenig begreifbarer machen. Wenn wir dem spirituellen Meister begegnen, der uns in die Natur unseres eigenen Geistes einführt, dann hören wir auf zu spiegeln und zu projizieren, denn wir erfahren für einen kurzen Moment die Qualität unseres erleuchteten Geistes, unseres erleuchteten Herzens.

Wir erkennen dann vielleicht, dass unser oft verwirrtes Suchen nach Freiheit in der Vergangenheit berechtigt war, aber eben nicht zielgerichtet, weil wir das Ziel und den Weg dahin nicht kannten.

Dr. Heike Cillwik, Ärztin, Diplom-Psychologin, Lama der Kagyü-Tradition des tibetischen Buddhismus, beschreibt in diesem Buch ihre Begegnung und teilweise jahrelange Lehrzeit bei dem Gyalwa-Karmapa Ogyen Trinley Dorje, dem Karmapa Thaye Dorje, Gangteng Tulku Rinpoche, Dzogchen Pönlop Rinpoche, Akong Tulku Rinpoche, Chödje Lama Gawang, Rinpoche, Jetsün Kushokla sowie anderen großen Meistern. Sie studierte viele Jahre bei Kagyüpas, Gelugpas, Nyingmapas sowie ein wenig bei den Sakyapas und dem Bön.

Sie nimmt den Leser mit auf dieser inneren und äußeren Reise. Sie folgte ihren Lehrern durch große Teile Europas, die USA und Asien.

Eines ihrer Herzensanliegen ist die Überwindung der Spaltung des Kagyü-Sanghas, der Gemeinschaft der Anhänger der Kagyü-Tradition.

Milarepa Karma Dungkar Ling e.V.

Dharma-Zentren:

- 19246 Valluhn

(Mecklenburg)

Dorfstr. 2

- 22523 Hamburg

Köllns Acker 12

Kontakt:

milarepakdl@yahoo.de

Website: milarepa-kdl.de

Zeitfracht Medien GmbH
Ferdinand-Jühlke-Straße 7
99095 Erfurt, Deutschland
produktsicherheit@kolibri360.de